# LENGUAS EXTINTAS

ROBERTO ELVIRA MATHEZ

# LENGUAS EXTINTAS

XLII Premio de Poesía Ciudad de Badajoz

VISOR LIBROS

VOLUMEN MCCLXX DE LA COLECCIÓN VISOR DE POESÍA

Un jurado compuesto por Jaime Álvarez-Buiza, Juan Manuel Cardoso, J. A. Ramírez Lozano, Jon Juaristi, Julia Barella y Raquel Lanseros, concedió a la obra titulada *Lenguas extintas*, de Roberto Elvira Mathez, el XLII Premio de Poesía Ciudad de Badajoz, que fue convocado por el Excelentísimo Ayuntamiento de Badajoz.

Ayuntamiento de Badajoz


Isaac Peral, 18 - 28015 Madrid
www.visor-libros.com

ISBN: 979-13-87745-70-7
Depósito Legal: M-7358-2025

Impreso en España - Printed in Spain
Gráficas Muriel. C/ Investigación, n.º 9. P. I. Los Olivos - 28906 Getafe (Madrid)

El mismo año en que escribí este libro, 196 defensores de la tierra y el medioambiente fueron asesinados, la mayoría de ellos en América Latina. A ellos y a su lucha les dedico estos poemas.

Sin embargo, estos poemas le pertenecen a mi hermano del camino, aquel que nació lejos de uno, pero cerca del corazón. Rodrigo de Miguel (1989-2023) no solo fue uno de los mejores escritores de nuestra generación, sino también un autor que dedicó años de su vida a trabajar junto al pueblo mapuche en Argentina.

Y, en una última nota personal, este libro no es mío, sino la paciencia de mi pareja, Sophie; es la alegría de mi madre, Renne; es la fuerza de mi padre, Manuel; es el apoyo de mi hermano, Javier, y es el futuro de mi hijo, Rafael.

*Lengua extinta: ya no quedan*
*hablantes nativos.*

*Atlas of Endangered Languages.*
UNESCO, 1996

*Somos lo que imaginamos. Nuestra propia existencia consiste en nuestra imaginación de nosotros mismos. Nuestro mejor destino es imaginar, al menos, completamente, quiénes y qué somos. La mayor tragedia que puede ocurrirnos es no llegar a ser imaginados.*

N. Scott Momaday.
*The Man Made of Words*, 1997

# RÉQUIEM A LAS LENGUAS EXTINTAS

Las olas ocuparán el silencio
de las lenguas y su extinción,
cuando el desierto y el océano
sepulten las calles
donde crecimos
e ideamos
dioses y guerras.
Bajo el mar
y entre la arena,
no solo desaparecerán
los nombres
y las maneras de decirle al otro
que lo amas,
sino que también desaparecerá
la arquitectura sonora
de la gramática
que íntimamente esconde
su arquitectura,
pero que nos permite
habitarla.
Pero, por encima de todo,
desaparecerá
la poesía
de nuestras conversaciones

cuando duermen los niños
y enmudece el caos
y el mundo vuelve
a merecer
ser salvado.

## LA PIEL Y LA LENGUA

Cuando el mundo
pierde una lengua,
pierde una manera
de dirigirse a las estrellas,
de recordar a su familia,
y de confesar amores.
Con la lengua
un puente, una escalera, una paloma,
se derrumba
y nos quita
otra herramienta
para intentar conmover
a los dioses.

Para encarnar
la humanidad que se aleja,
Dios hizo de la piel y el latido
el depósito
de las lenguas.
Como Jesucristos
de la poesía,
para que la cosmogonía
quede extinta,
el verbo debe fallecer
junto con el último

de sus hablantes.
Para que una lengua
quede extinta,
el aliento de aquel que practica
todos los días de su vida
las palabras de sus padres
y las de los padres de sus padres,
debe darle lugar al silencio.

Las lenguas
no son un diccionario,
páginas centenarias
plagadas de glifos y reglas
sobre lo que está disperso
fuera de los pulmones,
esa frecuencia,
ese sonido,
esa forma de alterar
el imperio del aire
y darle sentido
a la ruptura del silencio.
Por eso, cuando muere una lengua,
no hablamos
de quemas de libros,
archivos inundados,
bibliotecas asaltadas,
sino de mujeres y hombres
encaminándose
con resistencia
hacia la noche impía.

## YAGÁN

En el archipiélago
de Tierra del Fuego,
el punto más al sur,
falleció Cristina Calderón
el 16 de febrero de 2022,
bajo el anonimato de un mundo
que no escuchó
en su último aliento
la conclusión de una lengua:
el Yagán.

Con ella se han ido
el *uiam* (hermano),
el *cajiu-ala* (niño),
y la *ai-car* (casa).
Aquella *uf-chirr* (oreja)
para escuchar
el *pu-ta-ca* (la caída de una hoja)
al final del *mo-ala* (día).

## HURACÁN

Antes de la conquista,
con tres lenguas
se podía atravesar
el continente americano:
el náhuatl, el guaraní y el quechua.
Con sus variantes, perviven
los sabores y las palabras,
e incluso en los fiordos noruegos,
cuando comen
*chocolate*, *tomates* o *aguacate*,
hablan náhuatl.
En el mismo español,
reaparecen los vocablos
del taíno del Caribe
cuando estamos
en una *hamaca*
o una *canoa*,
y asoma en el horizonte
el *huracán*.

Pero muchas otras lenguas
no pudieron sobrevivir
la pólvora y la viruela,
al catecismo y la esclavitud,

y ni siquiera quedan rastros
entre los sonidos
de hoy.
Ya extintos están
el Xixime en el norte de México,
o el Palta en Ecuador,
como el Cacán en el norte de Argentina,
o el Cueva en Panamá.
El agua ya nunca
será conocida como *yumé*,
ni usaremos plumas de guajolote
para el frío de las sierras de Sinaloa,
y nadie más irá al *zupka* (altar)
en el desierto de Atacama,
pidiendo clemencia
para nuestros hijos.

Hoy en día,
la noche violenta espera
a la mayoría de los vocabularios,
comenzando por sus periferias,
donde las lenguas perseguidas
encontraron refugio
en tierras abandonadas
por sus perseguidores.
En atolones dispersos
en el Pacífico,
en los cauces de los ríos
del Amazonas,
sobre las llanuras nevadas

de Siberia,
se acelera el lento proceso
al que todos nos encaminamos.

## APIAKÁ

La naturaleza
se presenta peligrosa
a quien entra en ella
sin conocerla.
El movimiento de las ramas,
el sabor de una planta,
el zumbido de un insecto,
matan a quien vaga
irrespetuosamente
en sus entrañas.
La palabra,
o las palabras,
permiten dar forma
a lo que rodea
al iniciado,
pero en el futuro
ya no habrá vocabulario
para desentrañar
las venas y los recodos
del Amazonas.

En la orilla del caucho,
los Apiaká
conocieron el portugués

y el léxico
del comercio y la explotación,
el de la crueldad y el capital,
las formas de tajar los árboles
para colocar las jarras
donde se recoge su savia,
de la misma manera
como tuvieron que aprender
a hacer incisiones
en la corteza
de su propia lengua
para incorporar esas palabras
donde reside
toda supervivencia.

Los Apiaká
proceden de los Tupi,
y su apelativo significa
pueblo, gente, comunidad,
y con la partida de Pedrinho Kamassuri,
quien falleció en un hospital
de Mato Grosso en 2011,
ya no quedan hablantes
de su lengua.
Con la partida de los Apiaká,
nos hemos quedado con menos palabras,
señales, advertencias, cartas,
para avisar a los demás pueblos
que la *aui-hô* (tierra)
y el *hivága* (cielo)

han venido a reclamar
lo prestado
con *tá-tá* (fuego)
y *amáuá* (lluvia).

## LA SOLEDAD DE LA EXTINCIÓN

¿Cómo es la soledad
de quien solo puede
hablar una lengua
consigo mismo?

Antes de la extinción,
siempre existe algo peor:
la soledad de aquel
que alberga en sí
los sonidos y las metáforas,
los versos y las injurias,
que son eternamente ruido
para un mundo ajeno a él.

En el Amazonas peruano,
cerca de Ecuador,
en uno de los recodos
del río Tigre,
reside Amadeo García,
y con él los últimos
cuentos, poesías y gramáticas
del Taushiro.
La malaria y la viruela
no solo se han llevado

hermanas e hijos,
padres y abuelas,
sino también las respuestas,
discusiones y confesiones,
cantos y conversaciones
que batían las hojas
de una lengua
ya marchita.

## ALEUT DE BERING

La primera migración
al continente americano
fue durante la última edad de hielo,
cuando se aventuraron desde Siberia
y cruzaron el estrecho de Bering,
recolectando madera
para hacer los fuegos
sobre los cuales quemar la carne
y relatar los primeros cuentos
de este lado del mar.

Tal vez sobrevivan los cuentos,
pero no las palabras y los sonidos
que acentúan las historias
y entretienen a los niños.
Una de sus pocas lenguas,
el Aleut de Bering,
una de las tantas ramas
de los inuit,
heredada por aquellos que habitan
el lado ruso del estrecho,
se la ha llevado
Vera Timoshenko,
la última de sus hablantes.

En estas zonas
pobladas por volcanes y pájaros,
el silencio
comienza a imperar
en la tierra de los largos inviernos
donde nadie sabe los sonidos correctos
para suplir al sol,
porque en el *Taangağ* (agua)
ya no se refleja aquella *ayagağ* (mujer),
sola con la *tugithağ* (luna),
narrándole la mitología
que ella sola podría entender.

## LOS TONOS DE LA NIEVE

Heidegger decía
que la lengua
era la casa del espíritu,
pero el alemán
nunca escribió
poesía.
La lengua
son las tormentas y las primaveras,
las nevadas y los huracanes
que cambian según la temporada,
y ponen a prueba
paredes, estructuras, techos
y, sobre todo, al espíritu.
Las lenguas
no son árboles solícitos
listos para ser talados
y convertirse en las paredes
de nuestro hogar
donde colgar dulces recuerdos.
Son más parecidas
a las corrientes de aire
que alojan a las aves
asentándose en la ventana
e invitando
a volar.

Las lenguas
son aquellas trescientas palabras
de los Samis,
los pueblos originarios
de Escandinavia,
que permiten sobrevivir
cuando los pájaros dejan de visitar
durante el invierno
y uno debe aventurarse solo
en la espesura de lo blanco,
idéntico y mortal,
si no fuera por los matices
de las palabras:
*Åppås* es la nieve de invierno sin marcas.
*Guolldo*, tormenta de nieve.
*Ridne*, nieve en los árboles.
*Tjiegar*, área donde los renos
pueden enterrarse
y comer.
*Tsievve*, nieve lo suficientemente dura
para no poder hacer agujeros.
*Vahca*, nueva nieve.
*Seaŋaš*, la nieve que nos sirve de agua
y de vida.

Las lenguas
no son la casa,
sino la tormenta
y el mapa para salir de ella.
¿Cuánto duraremos

en la planicie nevada
cuando no distingamos
las superficies
sobre las que podamos construir
nuestras casas
para colgar los dulces recuerdos
de tiempos dónde
no temíamos
por nuestras
palabras?

## KIRIBATI

El primer país en desaparecer,
bajo el ascenso del mar,
serán treinta atolones
entre Hawái y Australia
llamado Kiribati.

Con ellos, se perderán
aquellas conversaciones
entre pescadores
ataviados con *sarongs*,
preparando telas al atardecer
después de recolectar mariscos
en marea baja.

También se perderá el Gilbatese,
la lengua de esos atolones,
y las trece formas de decir «coco»
según su madurez,
todo sumergido
bajo el *marawa* (el océano).

## FORMAS DE ENTENDER EL SILENCIO

En la Isla de Rennelles,
parte de las Islas Salomón,
nació un hombre
llamado Kagobai,
sordo y mudo.

Los isleños,
en cuya comunidad
no habían conocido otro igual,
construyeron en conjunto
una lengua de señas
especialmente para él.
Con su muerte,
se llevó consigo
gestos, formas, sonidos,
y otra forma de comprender
al silencio.

En pocos años,
el mar se llevará
aquellos signos
sobre los cuales construyeron
lo que ahora
se ha extinguido.

## AKA

En el mar Índico
existió una familia
de lenguas aglutinantes
que agregaban un sufijo corporal
a cada palabra.
Así se repartían
entre las diferentes partes
de la isla Andamán:
Aka-Cari y Aka-Bo
Aka-Kora y Aka-Jeru.

*Aka* significa lengua
y comparte la metáfora
del músculo
compitiendo con el aire
para usurparle a la naturaleza
su etimología.
El aislamiento fue su virtud,
pero primero los ingleses
con sus prisiones,
y luego la India
con su paternalismo,
los redujeron a rincones
donde todas las lenguas Aka
se reunían

para ser testigo
y contar,
con diferentes metáforas,
con diferentes palabras,
la extinción de una familia
desconocida y entristecida
por los demás con quienes
compartían las raíces
de la sangre y el habla.

Al mismo tiempo
que desaparecen
las playas y los árboles,
desaparecen
estas mujeres y hombres
que ven a los famélicos *caw* (perros)
ignorar a los *patka* (cuervos)
sobrevolando.
Las próximas generaciones
no conocerán
el águila marina de vientre blanco
y la palabra बेलोटौरौ,
ni la tortuga verde
o el sonido *belotaurau.*
La pregunta
ya no yace
en si sobrevivirán,
sino en si se irá primero
el sonido
o la materia.

## OLAS Y DESIERTO

El epílogo
de las lenguas
será el oleaje.
Cuando el silencio
impere nuevamente
después de su largo exilio,
abrumará el sonido del viento
sobre las copas de los árboles
bajo las cuales
los amantes buscaban
refugio.
El mar y el desierto
se llevarán no solamente
países, geografías, fronteras,
sino también
el infierno y el paraíso
y las palabras
con las cuales los erigíamos.

En la lengua navajo
existe la palabra
*Hózhǫ́ǫ́gi,*
que significa tanto futuro
como tiempo bello,

pero van quedando menos
de aquella comunidad
que pronuncie esa palabra
o sueñe aquellos destinos.
Los pueblos originarios
empujados a los márgenes,
a los rincones desvalorados
por los dueños de la tierra,
donde la naturaleza
se resiste al hombre,
son los primeros
en perder
ese vocabulario
que da cuerpo
al mundo.
Ellos son los primeros testigos
de la complicidad
de una mayoría
que va perdiendo palabras
para formular
otros futuros posibles
donde nuestros hijos
y los hijos de nuestros hijos,
y los hijos de sus hijos,
puedan escribir las biografías
de aquella generación
que prefirió discutir
sobre fronteras y dioses
antes de abocarse
a la tarea de salvar

al menos una esquina
de este mundo.

Pero de su existencia
y de sus lenguas
no se recordará
el mudo desvanecerse
de vocabularios y metáforas,
sino la lucha
por perpetuar
una manera de quererse,
una poesía,
una cosmovisión
hecha de mitos y narraciones
tejidas por palabras
construidas con el viento,
un material
que pervivirá
al acero del cuchillo
o al asfalto de las calles,
al hierro de los edificios
o a la carne del cuerpo.

Tal vez ya no queden
aquellos que encarnaban las lenguas
ya extintas,
pero quedamos los demás,
menos merecedores
de su memoria,
pero aspirantes a la redención

de preservar sus geografías
y cantar sus palabras,
no solo para evitar
que se apague su fuego,
sino el nuestro.

# ÍNDICE

Réquiem a las lenguas extintas ................................ 11
La piel y la lengua .................................................. 13
Yagán ............................................................... 15
Huracán ............................................................. 17
Apiaká .............................................................. 21
La soledad de la extinción ......................................... 25
Aleut de Bering ..................................................... 27
Los tonos de la nieve .............................................. 29
Kiribati ............................................................. 33
Formas de entender el silencio ................................. 35
Aka .................................................................. 37
Olas y desierto ..................................................... 39

Esta primera edición de *Lenguas extintas*
se acabó de imprimir en Madrid el
15 de marzo de 2025, día del
nacimiento en Bilbao de Blas
de Otero, hace 109 años.